Inhaltsverzeichnis

Schloss Celle um 1570 (Ausschnitt aus dem Altarretabel der Schlosskapelle)

Ansicht von Osten

Eine kurze Würdigung

DAS IMMER WIEDER umgebaute ehemalige Residenzschloss in Celle ist steingewordene Residenzgeschichte. Vom 15. Jahrhundert bis 1705 war Celle ständige Residenz der Herzoge von Braunschweig-Lüneburg, im 19. Jahrhundert Sommerresidenz des Königreichs Hannover. Aus allen Nutzungsperioden sind bedeutende Bestandteile erhalten. Aus dem Mittelalter stammen die Reste des Bergfrieds und eine ehemalige Küche, aus der Renaissance eine einzigartige Schlosskapelle mit überreicher Ausstattung, aus dem 17. Jahrhundert gibt es barocke Gemächer und ein Theater, aus dem 19. Jahrhundert wertvolle Ausstattungen.

Herzog Otto I. von Braunschweig-Lüneburg (Skulptur im Laves-Treppenhaus, ca. 1840)

Gang durch die Geschichte

DIE GESCHICHTE Celles datiert weit zurück. Bereits 993 wird Kellu genannt und 1292 Zcellis. Doch ist hierunter nicht das heutige Celle zu verstehen, sondern Altencelle, das wenige Kilometer südlich von Celle liegt. Dort stand seit ca. 970 eine Burg. Nach der Gründung des Herzogtums Braunschweig-Lüneburg 1235 nutzte der neue Herzog Otto Altencelle wiederholt als Heerlager. Bereits unter Ottos Nachfolger Herzog Johann soll jedoch an Stelle des heutigen Celler Schlosses eine erste Burg errichtet worden sein. Diese neue Burg stand auf einer leichten Erhebung am Zusammenfluss von Aller und Fuhse und sicherte den Allerübergang der wichtigen Straßen von Frankfurt nach Lübeck sowie von Magdeburg bzw. Braunschweig nach Bremen. Otto der Strenge, Johanns Sohn, privilegierte die Ansiedlung vor der Burg 1292 mit städtischen Rechten, um die Bürger von Altencelle zum Umzug nach Celle zu bewegen. Die neue Stadt wurde planmäßig auf einem rechtwinkligen Straßenraster im Osten der Burg angelegt. Mit Beginn des 14. Jahrhunderts nahm Celles Bedeutung zu, was sich unter anderem an immer häufigeren Beurkundungen der Herzöge nachweisen lässt, bis Celle zuletzt noch vor der Residenz in Lüneburg rangierte.

1369 starb das ältere Haus Lüneburg mit Herzog Wilhelm II. aus. In der Folge kam es zum Lüneburger Erbfolgekrieg (1371–1388) zwischen den askanischen Herzögen von Sachsen aus Wittenberg, die vom Kaiser das Herzogtum Braunschweig-Lüneburg erhalten hatten, sowie den Herzögen von Braunschweig-Wolfenbüttel, die das Herzogtum aufgrund der welfischen Hausgesetze beanspruchten. Im Zuge der Auseinandersetzungen wurde die alte Residenz in Lüneburg zerstört und Celle unter dem Askanier Albrecht zum wichtigsten Ort des Landes. Zwar konnten sich die Askanier zuletzt nicht durchsetzen, Celle behielt jedoch seinen Status.

Ab 1433 war Celle durchgehend Residenz des Herzogtums Braunschweig-Lüneburg. Stadt und Schloss wurden beständig erweitert und gefördert.

Herzog Ernst I. der Bekenner von Braunschweig-Lüneburg (Gemälde von Jost Stettner nach Cranach, ca. 1540)

Herzogin Anna von Nassau, spätere Herzogin von Braunschweig-Lüneburg (ca. 1460)

1452 gründete Herzog Friedrich ein Franziskaner-Kloster, in das er 1457 selbst eintrat. Seine Söhne übernahmen die Regierung. Nach dem frühen Tod seiner Söhne 1464 und 1471 musste Friedrich jedoch nochmals die Regierung übernehmen, bis 1478 die Witwe seines jüngeren Sohnes Otto, Anna, die Regentschaft für ihren noch unmündigen Sohn Heinrich übernahm.
Heinrichs Söhne Ernst I. und Franz sind die wichtigsten Reformationsfürsten in Norddeutschland. Auch wurde unter ihnen ab 1530 Celle bedeutend erweitert und zur Festung ausgebaut. Doch schied Franz 1536 aus der gemeinsamen Regierung aus und ließ sich mit einer Herrschaft um Gifhorn abfinden. Beide Herzöge gehörten zu den wenigen Fürsten des Reiches, die sich offen zu Luthers Lehre bekannten und Mitglied im Schmalkaldischen Bund waren. Die von den Lutheranern 1547 verlorene Schlacht bei Mühlberg hatte auf das Herzogtum Braunschweig-Lüneburg vorerst keinen Einfluss, da die kaiserlichen Truppen bei Drakenburg geschlagen wurden. Für das Herzogtum war das ein großes Glück, da Herzog Ernst bereits 1546 gestorben war und nur drei unmündige Söhne hinterlassen hatte.
1555 gelangte der älteste Sohn Franz Otto an die Regierung. Nach seinem Tod 1559 übernahmen die jüngeren Brüder Heinrich und Wilhelm die Regierungsverantwortung. Sie schufen in den 60er Jahren eine straff organisierte Landesverwaltung in Celle. Im Schloss ließ Wilhelm ab 1563 die Kapelle neu ausstatten.
Im Dreißigjährigen Krieg (1618–48) blieb das Herzogtum zwar offiziell neutral, das Land wurde aber dennoch stark in Mitleidenschaft gezogen. Bald nach Kriegsende zog höfisches Leben in Celle ein. Als Herzog Christian Ludwig 1653 heiratete, wurde aus diesem Anlass das Ballett „Die Triumphierende Liebe" von Johann Rist im Schloss aufgeführt. Es handelt sich um eines der ältesten in Deutschland erhaltenen Bühnenstücke. Im selben Jahr stiftete der Herzog eine Orgel für die Stadtkirche und ließ im darauf folgenden Jahr den so genannten Roten Gang durch mehrere

Vom Herzogtum Sachsen zum Königreich Hannover

Jahrhundertelang wurde das Land zwischen Elbe und Weser von Fürsten aus dem Geschlecht der Welfen regiert. Die Welfen herrschten ursprünglich über das alte Stammesherzogtum Sachsen, das sich zwischen Niederrhein und Elbe erstreckte. Es ging auf das Siedlungsgebiet der Sachsen zurück, das zwischen 772 und 804 durch Karl den Großen erobert worden war. Letzter Herzog war Heinrich der Löwe. Nach seinem Sturz 1180 gelangte die Würde des sächsischen Herzogs an die Askanier. Das alte Herzogtum Sachsen wurde aufgeteilt. Zum heutigen Freistaat Sachsen hat es keinen territorialen Bezug.

Auf Grundlage des Allodialbesitzes der Welfen und ergänzt um Reichslehen wurde 1235 das Herzogtum Braunschweig-Lüneburg gebildet und Otto das Kind, ein Enkel Heinrichs des Löwen, als Herzog eingesetzt. Dieses neue Herzogtum wurde bis in das 17. Jahrhundert immer wieder geteilt, alle Teillinien führten aber den Titel des Herzogs von Braunschweig und Lüneburg.

Der jüngeren Linie Braunschweig-Lüneburg gelang es 1692, zum Kurfürstentum aufzusteigen. Voraussetzung war die jetzt festgeschriebene Unteilbarkeit des Landes. Nur noch der älteste lebende Sohn konnte die Regentschaft übernehmen. Das Herzogtum Braunschweig-Lüneburg war in dieser Zeit in einen Lüneburger Landesteil mit der Hauptstadt Celle und einen Calenberger mit der Hauptstadt Hannover geteilt. Zwar war Lüneburg der wichtigere Landesteil, die Kurwürde gelangte aber an die Calenberger Linie. So wurde Hannover zur wichtigsten Stadt und Celle trat in den Hintergrund. Der Calenberger Herzog, Georg Ludwig, heiratete die Tochter des Celler Herzogs, Sophie Dorothea. Es handelte sich um eine politische Ehe, die unglücklich verlief und mit Ehebruch, Scheidung und Verbannung Sophie Dorotheas endete. Georg Ludwig hingegen wurde aufgrund einer Erbfolgeregelung 1714 König von Großbritannien und hinfort wurden Braunschweig-Lüneburg und England vom selben Herrscher regiert.

Daran änderte sich auch nichts, als das Kurfürstentum Braunschweig-Lüneburg 1814 zum Königreich Hannover erhoben wurde. Da in Großbritannien und Hannover jedoch unterschiedliche Erbfolgeregelungen bestanden, wurde die Personalunion 1837 aufgelöst. In Großbritannien bestieg Königin Victoria den Thron. Da eine Frau in Hannover nicht erbberechtigt war, wurde Hannover unter König Ernst August wieder eigenständig.

Herzog Wilhelm der Jüngere von Braunschweig-Lüneburg und seine Frau (Epitaph im Chor der Stadtkirche)

Darstellung aus der Triumphierenden Liebe von 1653, Blatt 13 recto (Conrad Buno)

Schlosskapelle mit Orgel (1565/70), Altarretabel (ca. 1570) und Kanzel (1565)

Häuser bis in den Herrschaftsstand der Stadtkirche legen, damit er bequem in die Kirche gelangen konnte.
1665 folgte Herzog Georg Wilhelm in der Regierung in Celle. Unter ihm erlebte Celle eine kulturelle Blüte. Das Schloss wurde fast komplett umgebaut und erhielt im Inneren zwei moderne Appartements für den Herzog und seine Frau. Ferner schuf Georg Wilhelm ein Theater im Schloss und berief 1666 eine französische Hofkapelle nach Celle. Außerdem unterhielt er von 1668 bis 1685 – zeitweilig zusammen mit den Höfen in Hannover und Osnabrück – eine französische Theatertruppe. Sie war die erste ihrer Art in Deutschland. Zudem wirkte von 1690 bis 1700 eine eigene italienische Commedia dell'arte Truppe am Hof. Vor den Toren der Stadt entstanden zwei Gärten, der Französische und der Italienische Garten. Die Stadt selbst dehnte der Herzog ab 1680 um mehr als das Doppelte nach Westen aus, sodass Celle rein flächenmäßig zur größten Stadt in den welfischen Territorien wurde. In der Neustadt erhielten bevorzugt Staatsbedienstete ihre Wohnung. Einige Bauten haben sich entlang der Trift erhalten. Herzog Georg Wilhelm war mit Eléonore d'Olbreuse, einer französischen

Landesherren

Herzöge von Braunschweig-Lüneburg

1235–1252	Otto I. das Kind. 1235 Begründung des Fürstentums Braunschweig-Lüneburg
1252–1267	Albrecht und Johann, gemeinsame Regierung
1269–1277	Landesteilung. Johann erhält den nördlichen Lüneburger Teil
1277–1330	Otto II. der Strenge
1330–1369	Otto III. († 1352) und Wilhelm
1369–1373	Magnus II. Torquatus
1370–1388	Herzog Albrecht (bis 1385) und Wenzel von Sachsen (-Wittenberg)
1388–1409	Bernhard I. und Heinrich I. der Mittlere
1409–1416	Landesteilung in Braunschweig und Lüneburg. Heinrich I. wählt Lüneburg
1416–1428	Wilhelm und Heinrich II., Söhne Heinrichs I.
1428	Tausch der Herrschaften, Bernhard I. wählt nun Lüneburg.
1428–1434	Bernhard I.
1434–1457	Otto IV. († 1446) und Friedrich der Fromme
1457–1471	Bernhard II. († 1464) und Otto V.
1471–1478	nochmalige Regierung Friedrichs des Frommen
1478–1487	Vormundschaftliche Regierung für Heinrich I. den Mittleren durch seine Mutter Anna
1487–1520/22	Heinrich I. der Mittlere
1520–1527	Otto I. und Ernst I. der Bekenner
1527–1546	Ernst I. der Bekenner, 1536–1539 gemeinsam mit seinem Bruder Franz
1546–1555	Vormundschaftliche Regierung für die Söhne Ernsts I.
1555–1559	Franz Otto
1559–1592	Heinrich II. (bis 1569) und Wilhelm der Jüngere
1592–1611	Ernst II.
1611–1633	Christian
1633–1636	August
1636–1648	Friedrich
1648–1665	Christian Ludwig
1665	Johann Friedrich (vorübergehend nach Staatsstreich)
1665–1705	Georg Wilhelm

Kurfürsten von Braunschweig-Lüneburg

1705–1727	Georg Ludwig, seit 1698 Kurfürst von Braunschweig-Lüneburg, seit 1714 König Georg I. von Großbritannien
1727–1760	Georg II., König von Großbritannien, Kurfürst von Braunschweig-Lüneburg
1760–1803	Georg III., König von Großbritannien, Kurfürst von Braunschweig-Lüneburg

Könige von Hannover

1814–1820	Georg III., König des Vereinigten Königreichs, König von Hannover
1820–1830	Georg IV., König des Vereinigten Königreichs, König von Hannover
1830–1837	Wilhelm IV., König des Vereinigten Königreichs, König von Hannover
1837–1851	Ernst August, König von Hannover
1851–1866	Georg V., König von Hannover

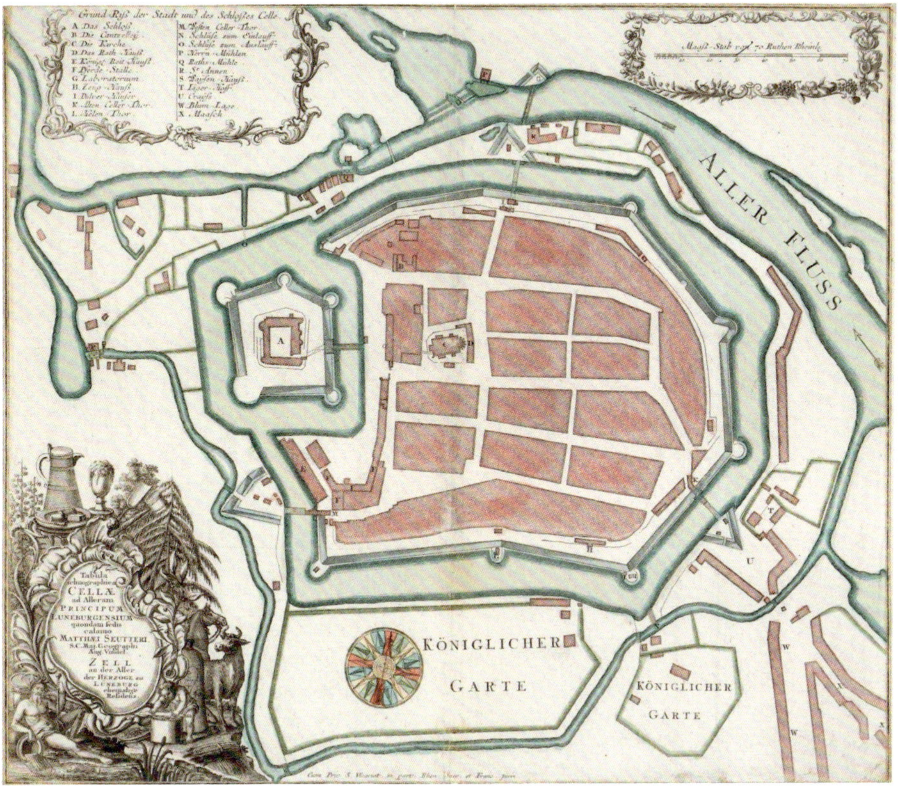

Celle um 1730 (aus Mattheus Seutters „Atlas novus sive tabulae geographicae totius orbis […]). Links befindet sich das Schloss, rechts die Stadt mit ihrem regelmäßigen Raster. Im Süden liegen die Gärten.

Hugenottin, verheiratet. So verwundert es nicht, dass viele der in Frankreich verfolgten Hugenotten in Celle Aufnahme fanden. Mit dem Tod Georg Wilhelms 1705 hörte Celle auf, Residenz und Sitz eines Hofes zu sein. Der Celler und der Calenberger Landesteil wurden vereint und gemeinsame Residenz war hinfort Hannover.

Auf Herzog Georg Wilhelm folgte 1705 Georg Ludwig, seit 1698 Kurfürst von Braunschweig-Lüneburg. 1714 wurde er König von Großbritannien und übersiedelte nach London. Celle erhielt als Ausgleich für den Verlust des Hofes zahlreiche Verwaltungseinrichtungen wie das Oberappellationsgericht, ein Zuchthaus und ein Landgestüt. Noch heute sind wichtige Landesgerichte in Celle ansässig. Auch Gefängnis und Gestüt bestehen immer noch.

Höfisches Leben kehrte noch einmal 1772–75 nach Celle zurück, als die geschiedene dänische Königin Caroline Mathilde im Schloss lebte. Des Ehebruchs schuldig, war sie schmachvoller Einkerkerung oder gar dem Tod nur durch das Einschreiten ihres Bruders, König Georgs III. von Großbritannien, entgangen. Er brachte sie im ungenutzten Celler Schloss unter. Die Königin bezog die Gemächer Georg Wilhelms, die für sie erneuert wurden. Auch das Theater ließ man modernisieren und wieder in Betrieb nehmen.

Das Celler Schloss um 1650 (Ausschnitt aus einer Stadtansicht Conrad Bunos für Merians Topographia Saxoniae Inferioris)

Herzog Georg Wilhelm von Braunschweig-Lüneburg, um 1690

Nach dem Tod von Caroline Mathilde wurde das Schloss nicht mehr durch Mitglieder der königlichen Familie genutzt. Vielmehr zogen Behörden in das Schloss und vermehrt das Militär, das bis 1796 fast das ganze Gebäude übernahm. In das Blickfeld des Hofes rückten Celle und sein Schloss erst wieder, als 1834 ein erstes Pferderennen in Celle stattfand. Beim Besuch konnte der Vizekönig von Hannover nicht im Schloss unterkommen. Daher wurden Renovierungen durchgeführt, auf dass er künftig mit seiner Gemahlin und dem Hofstaat im Schloss untergebracht werden könne.

Nachdem Hannover aus der Personalunion mit dem Vereinigten Königreich gelöst worden war, behielt der neue König, Ernst August, die Besuche in Celle bei. Die Stadt avancierte sozusagen zur zweiten Residenz des Königreichs. Ernst August war ein ausgesprochen konservativer Monarch, der seine Herrschaft in Hannover mit einem Rechtsbruch begann. Er schaffte bei der Regierungsübernahme 1837 das liberale Staatsgrundgesetz von 1833 ab, um Hannover wieder nach der alten Verfassung absolutistisch regieren zu können. Dieser Verfassungsbruch erregte großes Aufsehen in Deutschland. In Celle ließ der König ab 1839 alle Behörden und militärischen Bereiche aus dem Schloss

Blick auf die Trift mit Bauten der Stadterweiterung Georg Wilhelms (v. l. n. r. 1687, 1686, 1684, 1683)

Landesherrschaft und Residenz

Die Herzöge von Celle waren keine souveränen Fürsten. Das Herzogtum Braunschweig-Lüneburg war Bestandteil des Heiligen Römischen Reiches, an dessen Spitze der Kaiser stand. Er wurde gewählt, seine Würde war nicht erblich. Alle Fürsten hatten vom Reich Lehen genommen und waren rein rechtlich Kaiser und Reich zur Treue verpflichtet.

Im Mittelalter herrschten die meisten Fürsten nicht über ein bestimmtes Stück Land, sondern ihnen gehörten verschiedene Rechte. Im späten Mittelalter versuchten sie jedoch, immer mehr Rechte zu erwerben und so die Herrschaft über ein Land zu erlangen. Dazu wurden Rechte anderer okkupiert oder gekauft. Aus den Fürsten des Reichs wurden schließlich Landesfürsten, die mit einem Verwaltungsapparat ihr Territorium regierten.

Die Landesfürsten erbauten sich Residenzschlösser. In diesen wohnten nicht nur die Fürsten, hier waren auch die wichtigsten Verwaltungseinrichtungen des Staates untergebracht. Es handelte sich daher nicht um eine private Bauaufgabe, sondern um eine öffentliche. Das Schloss präsentierte das Land. Da man davon ausging, dass die Herrschaft der Fürsten von Gottes Gnaden sei, also auf Gott zurückging, meinte man, dass man an einem Schloss ebenso die großartige Herrschaft des Fürsten erkennen können müsse, wie die Erde die großartige Herrschaft Gottes offenbare.

Das Zuchthaus an der Trift (1710–24, 1729–32)

entfernen, das hinfort ausschließlich einer höfischen Nutzung diente. Sein Sohn Georg V. verlor im Deutschen Krieg 1866 das Königreich Hannover, das von Preußen annektiert wurde. Alle Möbel wurden aus dem Celler Schloss als welfisches Privateigentum entfernt und in den 1880er Jahren durch Ausstattungsstücke aus anderen preußischen Schlössern ersetzt. Aus Gründen der Feuersicherheit wurde das Theater 1889/90 geschlossen.

Im Ersten Weltkrieg diente das Schloss als Gefangenenlager für russische Offiziere. Nach der Revolution 1918 gelangte es in öffentlichen Besitz. 1919 bezog das neu gegründete Finanzamt den Süd- und Westflügel. Auch Privatwohnungen wurden im Schloss eingerichtet, die aber bis 1925 weiteren Behörden und einer Jugendherberge Platz machten. Unter der Herrschaft des Nationalsozialismus zog 1934 das neu konstituierte preußische Landeserbhofgericht in das Schloss. Dafür mussten die anderen Behörden weichen. Ferner wurde das Theater modernisiert und anschließend neu eröffnet. Es erhielt den notwendigen eisernen Vorhang und die Bänke des Parketts wurden durch festes Gestühl ersetzt. Zudem ließ man die ehemaligen Gastgemächer aufwändig, aber historisch nicht korrekt mit Inventar aus preußischen Schlössern ausstatten. Auch sah man in ihnen fälschlich die ehemaligen Gemächer von Herzog Georg Wilhelm und seiner Gemahlin Eléonore d'Olbreuse.

Nach 1945 wurde das Celler Schloss zentrales Kunstgutlager der britischen Besatzungszone, in dem die aus Sicherheitsgründen gegen Kriegsende ausgelagerten Kunstgegenstände zwischengelagert wurden. Das Meiste stammte aus dem Völkerkundemuseum, der Nationalgalerie, dem Kupferstichkabinett und der Kunstbibliothek in Berlin sowie aus der Gemäldegalerie Schwerin. Bis zu ihrer endgültigen Rückführung konnten von 1946 bis 1958 in 29 Ausstellungen wichtige Teile des Kunstgutlagers präsentiert werden. In den frei gewordenen Räumen zogen anschließend die Strafsenate des Oberlandesgerichts und die Revisionsabteilung der niedersächsischen Generalstaatsanwaltschaft ein, die bis 1988 im Schloss verblieben.

1956 erhielt die Stadt Celle das Nutzungsrecht der Gotischen Halle und 1958 die Caroline-Mathilde-Räume zu Ausstellungszwecken. Seit 1973 erfolgten umfangreiche Renovierungsarbeiten am Schloss. In ihrem Verlauf wurden die Caroline-Mathilde-Raume für museale Zwecke hergerichtet, die ehemalige Hofküche der Öffentlichkeit zugänglich gemacht, der Große Saal wiederhergestellt und die ehemaligen Gastgemächer mit Wandbespannungen versehen. Hier konnte zum 300. Todestag Herzog Georg Wilhelms 2005 der erste Abschnitt des Residenzmuseums eröffnet werden, das bis Ende 2007 fertiggestellt war.

Ansicht des Schlosses mit Vorburg von Nordosten 1769 (kolorierte Federzeichnung Johann Heinrich Steffens)

König Ernst August von Hannover (Edmund Koken, ca. 1840)

Königin Caroline Mathilde von Dänemark (Jens Juel, 1771)

Das Celler Schloss im 14. Jahrhundert. Rekonstruktionsversuch von Elmar Altwasser, Marburg

Kurzer Abriss der Baugeschichte

VERMUTLICH BEGRÜNDETE Herzog Johann von Braunschweig-Lüneburg nach der Landesteilung 1267 das Schloss in Celle. Älteste Baufunde datieren sogar auf 1155. Von dieser Anlage haben sich keine sichtbaren Reste erhalten. Erstmals schriftlich erwähnt wird das Schloss in Celle 1315. Ältester erhaltener Teil des Schlosses ist der Rest des ehemaligen Bergfrieds im Nordflügel, auf dessen Stumpf heute das Theater steht. Hinzu kommen Relikte eines Wohnbaus, dessen Osthälfte im heutigen Eingangsbereich mit dem großen Treppenhaus erhalten ist. Die beiden Bauten waren über Plankenzäune miteinander verbunden. Außerhalb lagen die Wirtschaftsbauten wie etwa Ställe.

Im Lüneburger Erbfolgekrieg (1369–88) wurde das Schloss unter Albrecht von Sachsen ab 1377 weiter ausgebaut und mit Wällen, Gräben und einer neuen Holzbefestigung versehen. Es gab niemals eine Steinmauer. Nach Abschluss der Befestigungen gingen die Arbeiten innerhalb des Schlossbereichs weiter. So wurde etwa der Bergfried eingewölbt. Zum Schloss gehörten 1383 neben den Wirtschaftsgebäuden mit Back- und Brauhaus sowie Küche und Marstall der große quadratische Bergfried und ein längsgerichteter großer Wohnbau mit Räumen für den Herzog, seine Frau, die Familie und die übrigen Mitglieder des Hofes. Der Schlosskomplex hatte zwei Torhäuser. Das obere befand sich in der äußeren Umwallung und das niedere war Bestandteil der eigentlichen Burg. Außerhalb der Befestigung lagen zwei Vorwerke.

Da die alte Residenz der Braunschweig-Lüneburger Herzöge auf dem Kalkberg in Lüneburg seit 1378 zerstört war, blieb Celle Hauptsitz der Lüneburger Herzöge und wurde nach 1433 zu ihrer Hauptresidenz. Die Herzöge sorgten sich vor allem um den Wohnkomfort ihres Schlosses und erhöhten den

Das Celler Schloss um 1500. Rekonstruktionsversuch von Elmar Altwasser, Marburg

Wohnbau beträchtlich, beispielsweise um einen Saal. 1434 wird erstmals eine Burgkapelle genannt. Sie befand sich im Bergfried. Dieser bekam 1437 einen neuen Dachstuhl und vermutlich auch seine charakteristische Kuppel.

Um die Mitte des Jahrhunderts wurden die Schlossgräben verbreitert und die Wälle erhöht. Ein zusätzlicher Graben trennte jetzt auch das Vorwerk vom übrigen Schlossbereich. Der Raum innerhalb der Anlage reichte nicht mehr aus und daher wurden neue Bauten außerhalb der alten Plankenzäune errichtet. Bislang hatten Herzog und Herzogin nur über jeweils eine beheizbare Stube mit Kammer verfügt. Südlich des Wohnbaus errichtete man daher ein so genanntes Sommerhaus, um wenigstens in der warmen Jahreszeit mehr Raum zu haben. Es wird erstmals 1445 genannt und hat sich in Resten im Untergeschoss des Ostflügels erhalten. 1464 wurde dieses Sommerhaus mit einem Saal überbaut. Weitere Säle folgten 1476 und 1485, indem jeweils ein neuer Saal über dem alten aufgeführt wurde, bis der Ostflügel seine heutige Höhe erreicht hatte. Zusätzlich zum Sommerhaus wurde 1448 ein Haus für den Hof der Herzogin erbaut und 1452–54 ein zweigeschossiges Gebäude in der Ecke zwischen Bergfried und Wohnbau, in dem Küche und Schließerei unterkamen. Es handelt sich um die heutige Gotische Halle. Bis in das 15. Jahrhundert hinein war der Bereich des heutigen Südflügels nicht bebaut. Und anstelle des Westflügels stand nur im nördlichen Bereich ein kleiner Bau neben einem Torhaus. Große Bedeutung hatte eine zeitgemäße Befestigung. Zu Beginn der 60er Jahre des 15. Jahrhunderts wurden erneut Wälle, Gräben und Planken sowie eine neue Schleuse erbaut. Graben und Schleuse ermöglichten es nun, unabhängig vom Pegel der Fuhse den Wasserstand im Schlossgraben zu halten. Mit dem Ausbau der Grabenanlagen und Wälle entstanden weitere Zugbrücken. So waren beide Torhäuser und der Bergfried durch Zugbrücken gesichert. 1473 erhöhte man den Bergfried, vermutlich weil er nicht mehr weit genug über die erhöhten Wälle ragte.

Das Celler Schloss um 1600. Rekonstruktionsversuch von Elmar Altwasser, Marburg

Ein gesteigerter Anspruch offenbarte sich aber nicht nur in der zunehmenden Ausdehnung des Schlosses und der klaren Trennung von Wirtschafts- und Repräsentationsbereich, auch die Verzierung der Architektur nahm zu. Seit den 1480er Jahren lassen sich Steinmetze und Bildhauer am Schlossbau nachweisen. Zudem bekam der ganze Schlosshof erstmals eine Pflasterung. Der Ostflügel erhielt zur Hofseite hin eine Galerie und an der südlichen Ostseite eine Durchfahrt, die noch heute besteht. 1485 erfolgte die Weihe einer neuen Schlosskapelle an der Südostecke des Schlosses. Aus diesem Anlass wurde auch eine Schrifttafel geschaffen, die heute im Schlosshof am Westflügel angebracht ist. Der in niederdeutscher Sprache verfasste Text lautet übersetzt: „Im Jahre des Herrn 1485 haben Herzog Heinrich und Anna von Nassau, seine Mutter, Herzog und Herzogin von Braunschweig und Lüneburg, dieses Haus bauen lassen." Die Formulierung „dieses Haus" bezieht sich nicht auf den gesamten Residenzbau, sondern meinte die damals noch weitgehend freistehende Kapelle. Nachdem bis 1492 ein neues Vorwerk errichtet worden war, gab man das alte beim Schloss auf und bezog diesen Bereich in die Befestigung mit ein, die ebenfalls neu entstand. Vor die neuen Wälle kam ein Zwinger. Ende des 15. Jahrhunderts hatte das Schloss seine heutige Ausdehnung erreicht.

Seit 1521 wurden die Befestigungen nochmals modernisiert und das Schloss mit fünf Rondellen geschützt. In diesem Zusammenhang setzte man zur Stadtseite hin 1530 ein neues Torhaus. Es erhob sich in der Mitte des Schlosswalls und war mit reichem plastischem Schmuck versehen. Nach Vollendung der Befestigungen erfolgten ab 1533 Baumaßnahmen am Schloss selbst, die bis in die 1550er Jahre andauerten. Es entstand eine zeitgemäße Residenz in den Formen der Renaissance. Im Schlosshof standen Galerien, deren Brüstungsfelder reich mit Reliefs geschmückt waren, die Figuren und Wappen zeigten. Die Galerien wurden bereits im 17. Jahrhun-

dert wieder entfernt. 1570 erhielt die Kapelle eine neue Ausstattung, die bis heute weitgehend erhalten ist.
Große und tiefgreifende Modernisierungen erfolgten erst wieder nach dem Dreißigjährigen Krieg unter Herzog Georg Wilhelm. Das Schloss erhielt im Äußeren weitgehend seine heutige Erscheinung. Der Herzog ließ das Schloss nach 1665 umbauen. Teile des Nord-, West- und Südflügels wurden fast komplett niedergelegt und anschließend regelmäßig in barocken Formen wiederaufgebaut. Auch der Bergfried wurde bis zur Oberkante des zweiten Geschosses abgebrochen. So entstand eine annähernd gleichmäßige Vierflügelanlage, wie sie heute noch vorhanden ist. Architekt des Herzogs war bis 1670 der aus Venedig stammende Lorenzo Bedogni. Ihm folgte Giuseppe Arighini aus Brescia. Im Ostflügel ließ der Herzog für sich ein Appartement im zweiten Obergeschoss einrichten. Seine Frau bekam eine nahezu identische Raumfolge direkt über ihm im Dachgeschoss. Die Appartements haben sich leider nicht erhalten. Sie bestanden aus je zwei Vorzimmern, einem Audienzzimmer, einem Schlafzimmer und einem zusätzlichen Kabinett im Appartement des Herzogs. Dieses befand sich in einem kleinen Fachwerkanbau vor dem Kapellenturm, über den man das Appartement verlassen konnte. Einen Eindruck ehemaliger Pracht vermitteln die unter Georg Wilhelm geschaffenen Gastgemächer im Nordflügel sowie zahlreiche Zimmer im West- und Südflügel. Stuckateur war Giovanni Battista Tornielli aus Brescia. Auf dem Stumpf des Bergfrieds entstand ein Theater. Bereits 1675 war es im Rohbau fertig. Es ist noch heute erhalten, wenn auch im Innern verändert.
Nach dem Tode Georg Wilhelms 1705 hörte Celle auf, Residenz zu sein. Baumaßnahmen waren nicht mehr erforderlich. Es kam lediglich zu Reparaturen. Erst für den Aufenthalt Caroline Mathildes begann man 1772 mit neuerlichen Baumaßnahmen. Vor allem wurde das ehemalige Appartement Georg Wilhelms neu eingerichtet, um den in über 60 Jahren gewandelten Bedürfnissen an eine herrschaftliche Wohnung gerecht zu werden. Auch das Schlosstheater wurde bis 1773/74 umgebaut. Nachdem der Siebenjährige Krieg (1756–1763) erwiesen hatte, dass Celle als Festung keine Funktion

Die Südostecke des Schlosses birgt im Innern die Schlosskapelle

Ehemaliger Saal des Sommerhauses von 1464

Zwei Relieftafeln von der ehemaligen Galerie im Schlosshof, heute im Großen Saal des Celler Schlosses

Ehemalige Gastgemächer. Stuckdecke im Schlafgemach der König Williams Kammern

mehr erfüllen konnte, verlor die Stadt 1770/80 endgültig diesen Status. Die fünf Schlossbastionen waren bereits teilweise verfallen. Nun wurden ab 1785 bis 1827 die Basteien niedergelegt. Zur Schlossplatzseite entstand eine neue Ufermauer, die ca. 4,80 m in den Graben vorgeschoben wurde. 1801 legte man das Torhaus nieder und anschließend 1802–04 den Wall. Zuletzt wurden die Wälle um das Schloss herum abgetragen und die Anlage gärtnerisch gestaltet. Da der unansehnliche Fachwerkanbau an der Kapelle nach Niederlegung der Wälle von der Stadt aus sichtbar war, wurde er 1830 abgebrochen. Damit verschwand auch das Kabinett des herzoglichen Appartements.

Ab 1834 richtete man das Schloss für landesherrliche Aufenthalte wieder her. Dafür wurden das gesamte zweite Obergeschoss des Ostflügels und die an die Schlosskapelle angrenzenden Räume des Südflügels neu eingerichtet. Architekt war Georg Ludwig Friedrich Laves. Es kam erstmals seit Georg Wilhelm zu einer Neuorganisation der herrschaftlichen Raumfolgen. Fast das gesamte zweite Obergeschoss des Ostflügels nahm nun die Gemächer des Königs auf. Im Nordbereich entstand eine Wohnung mit einem großen Empfangszimmer, einem Wohnzimmer und einem Schlafzimmer sowie Räumen für einen Kammerdiener und einen Adjutanten. Das Gemach der Königin schloss an das des Königs an. Zu ihm gehörten die beiden Räume über der Kapelle als Wohn- und Schlafzimmer und die anschließenden Räume im Südflügel.

Ab 1839 wurde das Schloss grundlegend restauriert und die gesamte Verwaltung aus dem Schloss ausgelagert. Zum Hof legte man eine zweite Einfahrt an, an der Hofseite des Ostflügels entstand eine Galerie mit einem geräumigen Treppenhaus, dem der alte Treppenturm weichen musste. Im Südflügel wurde ferner ein großer Speisesaal eingerichtet, und daher verlegte man die Küche möglichst nah an den neuen Saal neben die Schlosskapelle. Auch renovierte man das Theater und überarbeitete den Stuck in den Gemächern des Schlosses. Alte Gebäude im Umfeld wurden erworben und abgebrochen und dafür ein Park um das Schloss herum angelegt. 1855 erfolgte die Wiedereröffnung des Theaters. Die

Ansicht des Schlosses von Südosten um 1800. Die Wälle sind mit Bäumen bestanden (kolorierte Radierung von Julius Franz Salzenberg)

Restaurierung der Schlosskapelle begann 1865. Für 1866 war ihre feierliche Einweihung durch den König geplant. Dazu kam es aber aufgrund des verlorenen Krieges gegen Preußen nicht mehr. Das höfische Leben verschwand und das Schloss diente nun überwiegend Verwaltungsaufgaben.

In den 20er Jahren des 20. Jahrhunderts begannen vermehrt Sanierungs- und Restaurierungsarbeiten. Im Zuge dieser Arbeiten wurden großflächig der Fassadenputz erneuert, die Stände in der Kapelle zurückgebaut und die Ausmalung aus der Zeit Georgs V. entfernt. Im Rahmen der Neueröffnung des Schlosstheaters 1935 wurde das Treppenhaus im Nordflügel umgebaut, sodass neben einer großen Haupttreppe auch eine Nottreppe entstand. Die alte Treppe wurde dafür zerstört und der Zugang von den Gastgemächern zum Theater beseitigt. Im Zuge erneuter Sanierungsarbeiten ab 1973 erfolgte eine Sicherung der Kapellendecke bis 1979 sowie eine Neuausstattung der Gastgemächer im Nordflügel bis 1984. 1984 entkernte man den Rest des alten Wohnbaus aus dem Hochmittelalter mit den ehemaligen Wohnräumen des Hannoverschen Königs, um hier ein modernes Treppenhaus mit Aufzug einzubauen. Der spätmittelalterliche Saal und die Gotische Halle konnten bis 1991/92 wiederhergestellt werden. Doch musste die Kapelle zum Schutz der empfindlichen Ausstattung für den Besucherverkehr weitgehend gesperrt werden und ist nur noch durch eine Glaswand zu betrachten. Von 2010 bis 2012 erfolgte eine erneute Renovierung des Theaters, in deren Rahmen man seine Ausstattung dem historischen Zustand von 1772 annäherte.

1 Ehemaliger Bergfried
Schlosstheater
König Williams Kammern
Oberes Gastgemach
2 Kabinett des oberen Gastgemachs
3 Kabinett der König Williams Kammern
4 Ehemaliges Wohnzimmer im Appartement der Herzogin
5 Ehemaliges Schlafzimmer im Appartement der Herzogin
6 Ehemaliges Vorzimmer im Appartement des Herzogs
7 Ehemaliges Audienzzimmer im Appartement des Herzogs
8 Ehemaliges Wohnzimmer im Appartement des Herzogs
9 Ehemaliges Schlafzimmer im Appartement des Herzogs
10 Großer Saal
11 Schlosskapelle
12 Eingang zum Museum

Celler Schloss im heutigen Zustand

Der ehemalige Torbau um 1570. Ausschnitt aus dem Altargemälde in der Schlosskapelle

Relieftondi vom ehemaligen Torbau

Rundgang

DAS RESIDENZSCHLOSS in Celle erhebt sich als annähernd regelmäßige Vierflügelanlage auf einer künstlichen, durch Gräben geschaffenen Insel. Der Boden lag ehemals über 3 Meter unter dem gegenwärtigen Niveau des Schlosshofs. Wann das Gelände angeschüttet wurde, ist unbekannt. Jedenfalls war die Erhöhung um 1500 abgeschlossen. Ehemals standen die heutigen Kellergeschosse als Erdgeschosse frei.

Vom frühen 16. Jahrhundert bis in das frühe 19. Jahrhundert war das Schloss von einer großen Befestigung mit hohen Wällen umgeben, die bis auf die Höhe des dritten Geschosses reichten. An den Ecken standen vier Rondelle, zu denen 1705 ein fünftes kam. An der Stadtseite befand sich ein prächtiger Torbau, der mit reichem plastischem Schmuck versehen war. Nach Abtragung der Befestigungen wurden die Gräben auf ihre heutige Ausdehnung verkleinert und 1830 die Brücke zum Schlossplatz durch eine steinerne ersetzt. Über sie gelangt man heute auf die Schlossinsel. An der Westseite des Schlosses hat sich der Wall in Resten erhalten.

Außenbau

Die Ecken des Schlossgevierts werden durch turmartig erhöhte Vorsprünge betont. Der Eingangsflügel an der Ostseite hat sein Aussehen überwiegend in der ersten Hälfte des 16. Jahrhunderts erhalten, die übrigen Flügel stammen aus der zweiten Hälfte des 17. Jahrhunderts. Der gegenwärtige Anstrich des Schlosses mit weißen Wänden und roten Architekturgliedern orientiert sich am späten 18. Jahrhundert.

Der Ostflügel gehört zu den bedeutendsten Zeugnissen niederdeutscher Renaissancekunst. Er wird zu beiden Seiten durch leicht vortretende und ehemals an beiden Seiten erhöhte Eckbauten begrenzt. Das erinnert an ein sicheres Kastell mit Ecktürmen. In der Mitte der Fassade tritt ein halbrunder Turm hervor. Die Fenstergewände sind verziert. Ansonsten ist die Fassade nicht gegliedert. Lediglich die Zone der Dacherker zeigt reicheren Schmuck. Sie konnte ehemals über den Wall hinweg wahrgenommen werden, während die unteren Geschosse nicht zu sehen waren. Die Giebelstaffeln sind als Rundbögen ausgeführt, wobei der

Blick auf das Schloss von Osten 1835. Im Vordergrund rechts die ehemalige Schlosspförtnerei (Aquarell von Rudolf Wiegmann, 1835)

Ansicht des Schlosses von Südwesten und von Osten 1892, Darstellung anlässlich der 600-Jahr-Feier der Stadt Celle

Ostflügel, nördliches Tor (Museumseingang)

Mittelgiebel höher ist als die anderen. Zwei Portale führen in den Schlosshof, von denen das rechte erst 1839 geschaffen wurde. Sie werden von Säulen flankiert. Über beiden Portalen ist das Wappen des Königs von Hannover angebracht.

Der linke Turm hat im Erdgeschoss ein Maßwerkfenster. Hier befindet sich die Schlosskapelle. Ferner zeigt der Turm Aussparungen für Wappensteine und oben Porträtmedaillons. Gesimse trennen seine Geschosse. Im 17. und 18. Jahrhundert stand vor der Ostseite der Kapelle sowie über der Durchfahrt ein zweistöckiger Fachwerkanbau, der mehrere kleine Räume, eine Treppe sowie eine Abortanlage aufnahm. Von hier gab es eine Verbindung zum ehemaligen Wall und eine Verbindung zum Erker in der Fassadenmitte. Dieser so genannte Pagengang verlief in der Höhe des zweiten Obergeschosses.

Die übrigen Fassaden des Schlosses sind in den Formen des italienischen Barock gestaltet. Sie sind nur bedingt symmetrisch gegliedert, da teilweise auf Bestehendes Rücksicht genommen wurde. Am Südflügel stehen die Maßwerkfenster der Kapelle unvermittelt neben der barocken Fassade. An der Nordseite ist ein Versatz in der Fassadenflucht. Bei der vorstehenden Kante handelt es sich um eine Ecke des ehemaligen Bergfrieds. Betrachtet man die Mauer genau, erkennt man, dass sie im unteren Bereich des Bergfrieds geböscht ist.

Am klarsten ist die Westfront gegliedert. In ihrer Mitte fallen die versetzten Fenster des Treppenhauses auf. Die Fassade wird an beiden Seiten von zwei mit Flachkuppeln gedeckten polygonal vortretenden Pavillons begrenzt, die den Flügel um ein Geschoss überragen. So wird mit dem Motiv der Ecktürme ein Bezug zum Ostflügel hergestellt. Der Fassadenschmuck ist mit verdachten Fenstern und Volutenohren im zweiten Obergeschoss am aufwändigsten. Hier befanden sich die repräsentativen Räume des Schlosses. Die Fassaden bilden also außen die Bedeutung der Räume im Innern ab.

Das Schloss von Süden, rechts die gotische Kapelle, links der Barockbau

Das Schloss von Osten um 1750. Ausschnitt aus einem Pastellbild von Völker jun.

Schlosshof um 1925, Westansicht

Treppenturm von Laves im Schlosshof, 1839

Schlosshof

Auch der Innenhof zeigt eine verschiedenartige Wandgestaltung. Wieder unterscheidet sich der Ostflügel von den übrigen. Vom ehemaligen Renaissancehof mit umlaufenden Arkaden und geschmückten, auf Säulen ruhenden Galerien ist nichts mehr zu sehen. Auch die vor den einzelnen Flügeln stehenden Treppentürme sind verschwunden.

Die ältesten Fassaden des Hofes zeigen der Nord-, West- und Südflügel. Sie stammen vom barocken Umbau ab 1670 und sind vom Prinzip her so gestaltet wie die Außenfassaden. In der Mitte eines jeden Flügels befindet sich ein Treppenhaus, das diesen Flügel erschließt. Die Fassaden sind symmetrisch zu den zentral gelegenen Treppenhäusern gegliedert. Doch ist die Treppe im Nordflügel wegen des alten Bergfrieds verschoben. Die Treppenhäuser werden über Doppelportale betreten. Nord- und Südflügel sind schlicht gestaltet, die Portale des Westflügels sind aufwändiger mit ionischen Halbsäulen, Voluten und Wappen geziert. Eine Inschrift nennt Bauherren und -jahr „GEORGIVS WILHELMVS ANNO 1670". Über diesem Eingang erhebt sich ein Uhrturm.

Die Ostseite des Hofes stammt in den unteren Geschossen von 1839/40. Damals wurde nicht nur die zweite Durchfahrt in den Hof geschaffen, sondern auch ein neues Haupttreppenhaus an der Hofseite angefügt, das eine repräsentative und bequeme Erschließung der landesherrlichen Gemächer ermöglichte. Es tritt als großer Treppenturm weit in den Hof und ist mit einer Kuppel geschlossen. Breite Gänge an der Hofseite stellen die Verbindung zu den beiden Hofeinfahrten und im ersten Obergeschoss die Verbindung zu den Seitenflügeln her. Die Formen der Bauten von 1839 orientieren sich aber an der Gestaltung des 16. Jahrhunderts.

Schlossinneres

Ein Rundgang durch das Innere des Schlosses gewährt einmalige Einblicke in die Baugeschichte vom hohen Mittelalter bis in das 20. Jahrhundert. Aufgrund der wechselvollen Geschichte können jedoch keine originalen Möbel präsentiert werden. Daher wird im Folgenden nur auf die erhaltene Bausubstanz eingegangen, nicht aber auf die im Museum präsentierten Ausstellungsstücke.

Gotische Halle

Das Schloss wird heute von der erst 1839 geschaffenen nördlichen Durchfahrt aus betreten. Rechts von ihr liegt die so genannte Gotische Halle. Dies ist der 1452 erbaute Küchenbau. Hier stehen zwei Säulen, die nach 1670 eingesetzt wurden, um die neu geschaffene Wand des Korridors im Geschoss darüber zu tragen. Sie stammen aus dem Schlosshof und trugen ehemals die umlaufende Renaissance-Galerie des 16. Jahrhunderts, die nach 1670 niedergelegt wurde. Die Säulen haben ein mit Ranken verziertes rundes Postament. Bei einer hat sich auch das Kapitell erhalten, das eine Variante eines kompositen Kapitells darstellt.

Treppenhaus

Das Treppenhaus, das den Zugang zu den weiteren Räumen des Residenzmuseums bildet, befindet sich im Rest des ehemaligen Wohnbaus aus dem 14. Jahrhundert, der für den Treppenhausbau 1984 entkernt wurde. Nur geringste Reste haben sich aus dem Mittelalter und der Renaissance erhalten, so eine Wandmalerei im oberen Bereich der Südwand. In einer Nische sind die Gottesmutter mit Kind und Maria Magdalena gemalt. Eventuell befand sich hier ehemals eine Gebetsnische zur privaten Andacht. Ferner haben sich in den oberen Geschossen Teile der alten Deckenbalken erhalten. Vorsprünge an den Wänden weisen auf weitere hier ehemals vorhan-

Die Gotische Halle wird heute für Sonderausstellungen genutzt

Kriegertorsi aus der ersten Hälfte des 16. Jhs. im Treppenhaus

dene Decken hin. An der Westwand des dritten Obergeschosses sind um ein Fenster herum Reste der ehemaligen Bemalung aus dem 15. Jahrhundert zu sehen. Im Dachgeschoss können auch Teile einer Fachwerkwand und die originale Dachstuhlkonstruktion besichtigt werden, deren Farbfassungen auf eine frühere Wohnfunktion verweisen. Im Treppenhaus stehen einige Figurenreste aus der Renaissance, die ehemals das Schloss geschmückt haben. Vermutlich standen die römischen Krieger auf der Brüstung der den Schlosshof umfangenden Galerie.
Vom Treppenhaus erreicht man den im Erdgeschoss gelegenen Kassenraum. In dem Raum mit gotischem Rippengewölbe, früher wohl die Hofstube, werden weitere Artefakte präsentiert, so einige Reliefplatten vom Renaissancefries des Hofes, etwa eine Fürstendarstellung oder das Wappen von Sponheim-Heinsberg.

Nische im Treppenhaus mit Darstellung der Maria und der Maria Magdalena

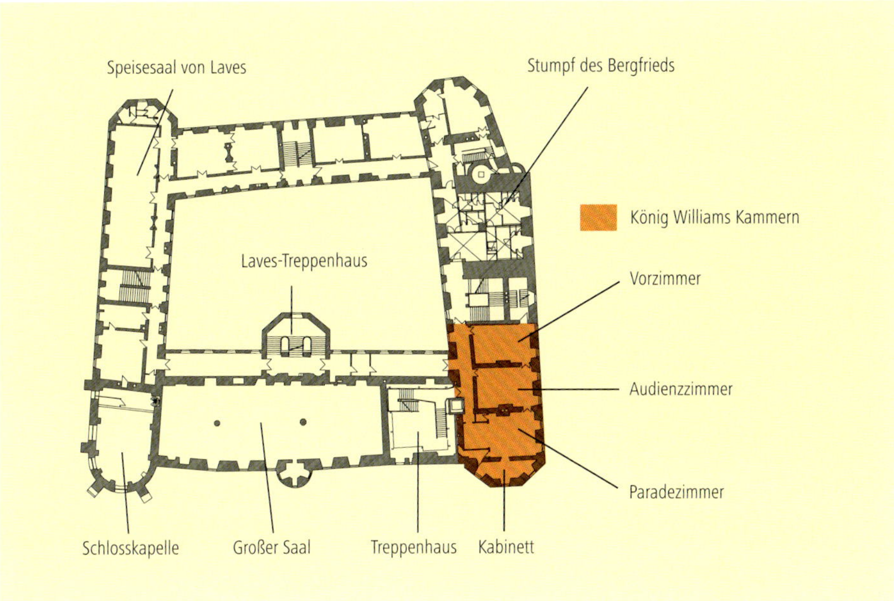

Grundriss des ersten Obergeschosses

Die Halle nimmt den Bereich des ehemaligen Saals ein, der 1464 auf das so genannte Sommerhaus gebaut wurde.

Großer Festsaal

Im ersten Obergeschoss des Ostflügels befindet sich der Große Saal („Festsaal"). Er geht auf das 1485 errichtete Neue Haus zurück. Lange diente er für Feste, aber auch für Theateraufführungen. Nach 1670 wurde er vermutlich in verschiedene Einzelräume aufgeteilt und erst 1991/92 annähernd wieder in seiner historischen Dimension von knapp 400 Quadratmetern hergestellt. Der Saal ist einer der wenigen erhaltenen spätgotischen Repräsentationssäle in Nordwestdeutschland. Seine Decke wird von einem acht Meter langen Mittelunterzug gestützt. Erst nachträglich erfolgte seine zusätzliche Abstützung mittels zweier Steinsäulen. An den Wänden sind mehrere Fensteröffnungen aus unterschiedlichen Bauzeiten zu sehen, etwa ein Spitzbogenfenster an der Nordwand in Höhe des

Rest einer gotischen Tür an der Nordwand des Großen Saals, die ehemals den Wohnbau erschloss

Fußbodens, das zum ehemaligen Wohnbau gehört. Die ursprüngliche Innenwandgliederung des Saals ist nicht erhalten. Sie bestand aus Ziegelsichtmauerwerk, später wurden davor Holzpaneele und Stoffbespannungen angebracht. Da das ehemalige Sichtmauerwerk weitgehend zerstört war, konnte es

Großer Saal im 1. Obergeschoss des Ostflügels

nicht restauriert werden. Die gegenwärtige Wandgestaltung ist modern.
Heute werden im Saal mehrere Reliefplatten präsentiert, die ehemals an den Galerien des Schlosshofes angebracht waren. Die ausgesprochen qualitätvollen Arbeiten des Künstlers Levin Storch zeigen in figürlichen Darstellungen biblische Helden und Tyrannen an der Südwand sowie Wappen an der Nordwand. Die Figuren folgten zeitgenössischen Holzschnittvorlagen der Nürnberger Erhard Schön und Georg Pencz. Sie stellten das Celler Herzogshaus in einen Zusammenhang mit der Weltgeschichte. Die Wappenbilder sind Bestandteil einer Ahnenprobe mit 32 Ahnenwappen des Herzogspaares Wilhelms d. J. und Dorotheas. An den heute im Saal präsentierten 18 Helden- und 11 Wappenplatten sind noch Reste der ehemaligen Vergoldung bzw. farbigen Fassung zu erkennen.

Nordflügel mit Staatsgemächern und Schlosstheater

Im Nordflügel haben sich in den unteren zwei Geschossen die Reste des ehemaligen Bergfrieds erhalten. Seine Mauern sind 3,20 m dick. Er steht

Enfilade in den Staatsgemächern im 1. Obergeschoss

auf einem Findlingsfundament und wurde aus gleichmäßig geschichteten Raseneisensteinquadern aufgeführt. Die Kanten sind aus Sandsteinquadern. Die Oberkante des ehemaligen Eingangs in den Turm befindet sich im Geschoss unter dem Theater. Zu den bemerkenswertesten Räumen des Nordflügels gehören die ehemaligen Gastgemächer im ersten und zweiten Obergeschoss. Das untere Appartement wurde bis gegen 1800 als König Williams Kammern, das obere als Prinzen- und Prinzessinnen-Kammern bezeichnet. Diese Benennung ging auf einen Besuch des englischen Königs Wilhelm III. im Jahre 1698 zurück. Als das Theater 1936 wieder eröffnet wurde, erschienen Publikationen, in denen die Gemächer nun als „Wohnräume" bzw. „Staatsgemächer des Herzogs", die im zweiten Geschoss als „Wohnräume" bzw. „Staatsgemächer der Herzogin" bezeichnet wurden. Es gibt jedoch keinen Nachweis, dass das Herzogspaar je in diesen Appartements gewohnt hätte, ihre Räumlichkeiten lagen nachweislich im Ostflügel. Es ist jedoch wahrscheinlich, dass die Gastgemächer auch bei feierlichen Veranstaltungen genutzt wurden – darauf deuten zumindest die Haken an der Decke im zweiten Raum hin, an denen ein Baldachin aufgehängt werden kann. Die zwei übereinanderliegenden Appartements bestehen jeweils aus einem Vorzimmer, einem Audienzzimmer, einem Paradezimmer und einem Kabinett. Aus dem 17. Jahrhundert stammen nur noch die Stuckdecken Giovanni Battista Torniellis, die stuckierten Kamine und Bettnischen. Gesimse schließen die Wandflächen nach oben ab. Die Decken sind durch profilierte Leisten in verschiedene Felder geteilt. In der Mitte ist meist ein Deckenspiegel. Er war für die Aufnahme eines Gemäldes bestimmt. Erhalten haben sich derartige Gemälde in Celle nur noch im Südflügel. Der Stuck ist unspezifisch und lässt ohne Wappen, Monogramme

Blick in das Vorzimmer der König Williams Kammern (unteres Gastgemach)

Paradezimmer der König Williams Kammer im 1. Obergeschoss des Nordflügels

Zeremoniell

Das Zeremoniell war in der Frühen Neuzeit vertraglich festgelegt. Es bestimmte genau das Aufeinandertreffen von adeligen und fürstlichen Personen bzw. ihren Vertretern. Seine Aufgabe war es, die Rangunterschiede von Personen bei ihrem Zusammentreffen für alle sichtbar zu machen, etwa durch einen Vortritt in einen Raum, das Verbot, sich in Gegenwart eines Höhergestellten zu setzen oder in Form der Begrüßung. Das Zeremoniell hatte auch großen Einfluss auf die Raumabfolge in Schlössern. Bei Empfängen war genau definiert, an welchen Stellen Begrüßungen und Aufwartungen zu erfolgen hatten. Es entstand eine Raumabfolge von Treppenhaus, anschließendem Vorsaal oder auch nur Gang sowie dem folgenden Appartement. In Residenzschlössern umfasste es mehrere Vorzimmer, ein Audienzgemach, ein Schlafzimmer und ein Kabinett. Diese systematische Raumfolge führte zu einer Untergliederung des Raumes in mehrere Abschnitte, die es ermöglichte, Standes- und Rangunterschiede sichtbar zu machen. Das verdeutlicht sich auch in Celle, wobei die Gastgemächer im Nordflügel einen Raum weniger umfassten als die herrschaftlichen Gemächer im Ostflügel.

Paradezimmer im oberen Gastgemach im 2. Obergeschoss des Nordflügels

oder Hoheitszeichen keinen Rückschluss auf die ehemaligen Bewohner zu. Das ist typisch für Gesellschaftsräume und Gastgemächer, die ja dem Aufenthalt ganz unterschiedlicher Personen dienen sollten.

Nur durch ein Treppenhaus getrennt befindet sich gleich neben den Gastgemächern des ersten Obergeschosses das Schlosstheater. Es war ein Hoftheater, zu dem nur die höfische Gesellschaft zugelassen war. Bis 1936 gab es sogar einen direkten Zugang vom Vorzimmer des angrenzenden Gastgemachs in das Theater. Es ist seit seiner Erbauung 1675 mehrmals umgestaltet worden und präsentiert sich seit 2012 wieder annähernd im Zustand von 1774. Der Theaterraum wird an drei Seiten von zwei Emporen begleitet. An der vierten Seite befindet sich die Bühne. Der Zuschauerraum bietet mit Parkett und zwei Rängen insgesamt 330 Sitzplätze. Ehemals waren alle Logen gleich gestaltet. Weder gab es eine herausgehobene Fürstenloge noch eine feste Bestuhlung im Parterre. So konnte der Raum auch für Festlichkeiten genutzt werden. Trotz vieler Verluste ist das Celler Schlosstheater ein einzigartiges Denkmal. Es gehört zu den in der zweiten Hälfte des 17. Jahrhunderts von den Welfen erbauten Hoftheatern und setzte den Maßstab für das 1677 in Hannover eingeweihte Opernhaus, aber auch für jene in Braunschweig und Wolfenbüttel. Diese sind jedoch im Gegensatz zum Celler nicht erhalten.

Ostflügel mit ehemaligen herrschaftlichen Appartements und Laves-Treppenhaus

Über dem Großen Saal befinden sich die Räume der ehemaligen königlichen Wohnung. Vom modernen Treppenhaus betritt man einen Raum, der unter Herzog Georg Wilhelm als Tafelstube genutzt wurde.

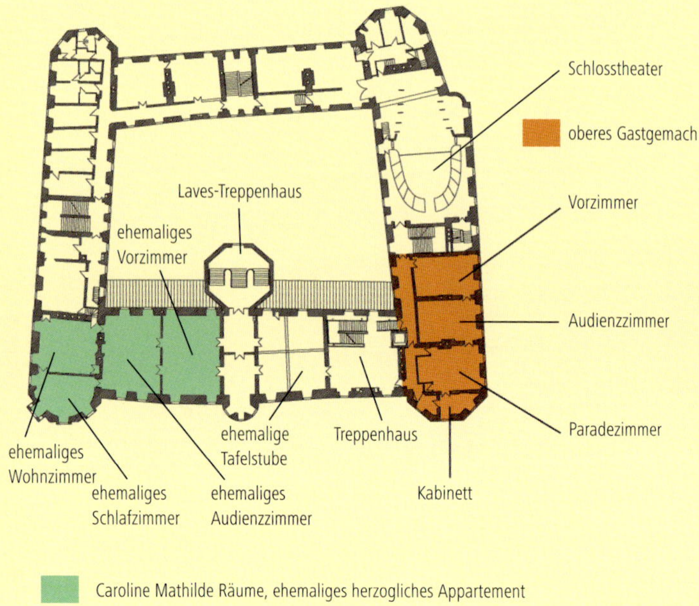

Grundriss des zweiten Obergeschosses

Unter den Hannoverschen Königen war der Raum durch Zwischenwände in drei Zimmer aufgeteilt, und zwar das Empfangszimmer des Königs, das sich an der Ostseite erstreckte sowie an der Westseite zwei Räume für Adjutanten. Heute ist der Raum wieder in seiner historischen Größe hergestellt. Seine Deckenbalken sind bemalt und stammen aus der Mitte des 16., die Malerei aus der zweiten Hälfte des 17. Jahrhunderts.
Ursprünglich betrat man die anschließenden Räumlichkeiten vom Treppenturm her. Das gegenwärtige Laves-Treppenhaus stammt von 1839/40 und ersetzte einen unbequemen Vorgänger von 1687. Sein Inneres ist im Gegensatz zum Außenbau in neogotischen Formen gehalten. Beim Emporschreiten erblickt man das Wappen König Ernst Augusts, des Bauherren. Es wird von Löwen und Pferd gehalten und zeigt die Devise des Königs: „Suscipere et finire" (In Angriff nehmen und zu Ende führen). Zu beiden Seiten befinden sich unter der abschließenden Kuppel gleich einer Ahnenprobe Statuen der berühmtesten Vorfahren des Königs. Bei den Figuren im zeitgenössischen Kostüm handelt es sich zugleich um jene Welfen, die weitreichende Entscheidungen für das Land trafen. Heinrich der Löwe wird präsentiert als bedeutendster Vorfahr der Welfen. Kaiser Otto IV. war der einzige Welfe, der die Kaiserwürde erlangte. Herzog Otto I. begründete die Herrschaft der Welfen in Niedersachsen nach dem Sturz Heinrichs des Löwen erneut. Herzog Ernst der Bekenner führte die Reformation ein, Herzog Georg von Calenberg ist der Begründer jener welfischen Teillinie, aus der das regierende hannoversche Königshaus hervorging. Er verlegte

Tafelstube im 2. Obergeschoss des Ostflügels

seine Residenz nach Hannover. Kurfürst Ernst August konnte den Welfen die Kurwürde sichern, König Georg I. von Großbritannien war der erste Welfe auf dem britischen Thron und König Ernst August begründete die eigenständige Linie der Könige von Hannover. Dieses Programm sollte den Besucher auf die Räume des Königs von Hannover vorbereiten und ihm die würdige Abstammung des Monarchen verdeutlichen. Zugleich wurde mit dieser Ahnenfolge aber auch geschickt die Geschichte des Celler Schlosses durch die Könige von Hannover vereinnahmt, die keine Nachkommen der Celler Linie, sondern der Calenberger Linie waren.

Das anschließende Entree an der Hofseite und das ehemalige Vorzimmer an der Ostseite sind nur noch in ihren Dimensionen erhalten. Unter Herzog Georg Wilhelm und Königin Caroline Mathilde bildeten beide zusammen einen Vorraum vor den landesherrlichen Gemächern. Die historische Balkendecke mit der roten Bemalung in beiden Räumen stammt aus dieser früheren Zeit.

Im Süden schließen sich die so genannten Caroline-Mathilde-Räume an. Sie haben ihren Namen nach der dänischen Königin Caroline Mathilde erhalten, die hier von 1772 bis 1775 im ehemaligen Appartement Herzog Georg Wilhelms wohnte. Die ersten beiden Räume waren ehemals Vor- und Audienzzimmer des Appartements. Die Deckenbemalung des Vorzimmers stammt aus der Zeit von 1839/40. Die Decke ist in mehrere Felder unterteilt. Grisaillemalerei täuscht geschickt eine Stuckdecke mit Mittelrosette vor. Die hannoverschen Könige nutzten den Raum als Gesellschaftszimmer. Die Stuckdecke im anschließenden Audienzzimmer stammt noch aus der Zeit Herzog Georg Wilhelms.

Obergeschoss des Laves-Treppenhauses

Ehemaliges Vorzimmer im 2. Obergeschoss des Ostflügels

Ehemaliges Audienzzimmer im 2. Obergeschoss des Ostflügels

Kamin im ehemaligen Gemach der Herzogin im 3. Obergeschoss (Zustand von 2014)

Fayenceofen von 1840 im ehemaligen Wohnzimmer im 2. Obergeschoss

Die Rokokostuckdecke des ehemaligen Wohnzimmers über der Kapelle geht auf die Renovierung der Gemächer für Caroline Mathilde 1772 zurück. Auch das originale Parkett stammt aus der Zeit Caroline Mathildes. Die Königin ließ in dem Raum unter anderem ein Klavier aufstellen. Der spätklassizistische Fayenceofen wurde erst um 1840 für die Königin von Hannover eingebaut, die den Raum als Arbeitszimmer nutzte. Im angrenzenden Schlafzimmer stammt die Deckenbemalung aus der Zeit von Laves nach 1839. Die Decke zeigt einen leichten, floralen Arabeskendekor. Ehemals ging vom Schlafzimmer ein Abort ab und es schloss sich ein Kabinett an. Dieses befand sich in dem 1830 niedergelegten Fachwerkanbau. Dort gab es auch eine kleine Bibliothek.
Im Dachgeschoss waren unter Herzog Georg Wilhelm die Räume der Herzogin untergebracht. Von ihrem Appartement haben sich nur geringe Reste erhalten. Die Deckenbalken zeigen die originale barocke Fassung mit rot-grauer Bemalung. Im ehemaligen Schlaf- und Wohnzimmer der Herzogin steht ferner noch der ursprüngliche Kamin.

Südflügel mit Hofküche und Schlosskapelle

Als 1839 im Südflügel ein neuer Speisesaal geschaffen wurde, war die alte Küche in der

Floraler Arabeskendekor von 1839 an der Decke des ehemaligen Schlafzimmers im 2. Obergeschoss

Gotischen Halle im Nordflügel zu weit entfernt. Man richtete daher gleich am Eingang zum Schloss neben der Kapelle eine neue Küche ein. Diese hat sich annähernd in ihrem ursprünglichen Zustand erhalten und präsentiert sich mit einem Herd, der über zehn Feuerstellen verfügt sowie zahlreichen Einrichtungsgegenständen und Gerätschaften.
Durch die Hofküche betritt man heute die Schlosskapelle. Ihr Raum wurde bereits im 15. Jahrhundert geschaffen, sein heutiges Aussehen hat er im Wesentlichen aber erst unter Herzog Wilhelm d. J. 1563–76 erhalten. Er beherbergt die einzige fast vollständig erhaltene Kapelle Deutschlands aus frühprotestantischer Zeit. Ihre Ausstattung hat im Gegensatz zu anderen frühprotestantischen Sakralbauten keine gravierenden Verluste während der vergangenen Jahrhunderte erlitten und nur verhältnismäßig wenige Veränderungen erfahren. Sie ist in den bestehenden Südostturm hineingebaut worden und umfasst seine beiden unteren Geschosse. Ihre Wandvorlagen, die ein spitzbogiges Kreuzrippengewölbe bzw. Fächergewölbe mit Birnstabprofil tragen, sind nachträglich vor die Wand gesetzt – also nachträglich eingebaut worden. Der zweijochige Raum besitzt im Osten einen polygonalen Chor und misst rund 14 Meter in der Länge sowie 9 Meter in der Breite und auch in der Höhe. Durch vier Maßwerkfenster erhält der Raum sein Licht. Zwei weitere Fenster wurden bereits im 16. Jahrhundert zugesetzt. Der Altarraum ist um drei Stufen erhöht. Gegenüber dem Hauptaltar wurde an der Westseite später eine zweigeschossige, von Rundsäulen getragene Empore eingebaut. Von hier aus nahm das Herzogspaar bis 1560 am Gottesdienst teil. Den Gepflogenheiten der Zeit und der damals üblichen Geschlechtertrennung während des Gottesdienstes folgend, ist davon auszugehen, dass Herzog und Herzogin getrennt in der Kirche übereinander Platz nahmen, und zwar die Herzogin auf der zweiten und der Herzog auf der ersten Empore.
Herzog Wilhelm ließ die Kapelle 1563–76 neu ausstatten und mit weiteren Emporen versehen. Der bedeutende Antwerpener Maler Marten de Vos schuf zusammen mit seiner Werkstatt über 76 Gemälde für die Kapelle. Im Zustand des 16. Jahrhunderts präsentiert sich die Kapelle weitgehend noch heute. Die Modernisierungen, die 1865–66 unter König Georg V. von Hannover vorgenommen wurden, sind fast alle wieder beseitigt worden.

Hofküche im Südflügel

S. 40: Herrschaftsstand des Herzogs in der Kapelle; S. 41: Altar in der Kapelle. Mittelbild: Marten de Vos 1569. Herzog und Herzogin: Ludger tom Ring d.J. um 1570 (Zuschreibung)

CHRISTVS HAT VNS ERLOSET VON DEM FLVCH DES GESETZES
DA ER WARD EIN FLVCH FVR VNS : GALAT : III
DER SVNDEN ABGESTORBEN SEIN VND DER

Kanzel der Kapelle

Der Gesamteindruck der Kapelle wird von der Fülle der Gemälde bestimmt. Sie befinden sich am Kirchengestühl, aber auch an jeder freien Wandfläche. Während die Stände des Erdgeschosses von Brüstungen mit Gemälden abgeschlossen werden, zeigen die Brüstungen im ersten Obergeschoss einen durchlaufenden Figurenfries von steinernen Reliefs, die Christus, seine Jünger, die Apostel und Propheten als Halbfiguren vorstellen. Sie wechseln mit Darstellungen musizierender Engel ab. Dieser Fries läuft nicht nur über die Empore des 16. Jahrhunderts, sondern auch über die ältere Westempore. Gemälde befinden sich aber nicht nur außen an den Stühlen, sondern auch in ihrem Inneren. Die Bilder sind mit erklärenden Bibelzitaten verbunden.
Mittelpunkt der Kapelle ist gemäß der lutherischen Liturgie nicht der Altar, sondern die Kanzel. Sie ist der Ort der Verkündigung von Gottes Wort. Der achteckige Kanzelkorb ist aus einem Sandsteinblock gearbeitet und stammt von 1565. Die Reliefs zeigen am Kanzelkorb Darstellungen des Sündenfalls, der Anbetung der Hirten, des letzten Abendmahls, der Kreuzigung und der Auferstehung sowie am Treppenaufgang die Erschaffung Evas.
Im Chor an der Ostseite der Kapelle steht der große Flügelaltar. Sein Hauptbild wurde 1569 von Marten de Vos geschaffen. Zu sehen ist die geöffnete Feiertagsseite. In der Mitte ist die Kreuzigung von Jesus Christus dargestellt. Auf den Seitenflügeln ist links der betende Herzog Wilhelm vor dem Celler Schloss zu sehen, rechts seine ebenfalls betende Gemahlin Dorothea vor dem Gifhorner Schloss. Diese Gemälde stammen sehr wahrscheinlich von Ludger tom Ring d. J. aus Münster. An den Seiten des Dreiecksgiebels, der das Retabel abschließt, stehen Engelsfiguren, die die Wappen Wilhelms und Dorotheas halten.
Zwischen Altar und Kanzel steht der ehemalige Beichtstuhl. Er ist durch bewegliche Gitter gegen den Kirchenraum abgeschlossen. Gegenüber der Kanzel befinden sich verschiedene Stände, die ehemals alle mit Butzenscheiben geschlossen wurden. Der am aufwändigsten gestaltete zentrale Stuhl auf der Empore ist der des Herzogs. Er liegt an bevorzugter Stelle direkt gegenüber der Kanzel. Über der Mitte des dreiachsigen Standes ist ein Ziborium aufgestellt, in dem die Darstellung der Trinität als Gnadenstuhl zu sehen ist. Rechts neben dem Herrschaftsstand befindet sich die um 1570 angefertigte Schrankorgel.
Direkt am Eingang in die Kapelle steht ein Gemälde, das die Anfechtungen der wahren Kirche und Irrlehren, Laster und den Teufel thematisiert. Die lichte Gestalt der „christlichen Kirch" mit Schild und Kruzifix und Taube Gottes wird versucht durch eine Frau zu ihrer Rechten mittels weltlicher Reichtümer, die den Tod bedeuten, einen vermeintlichen Engel mit tierischem Unterleib zur Rechten und dem Teufel im Hintergrund.

Westempore der Kapelle. Auf der oberen Empore der später eingebaute Herrschaftsstand der Herzogin

Die Bilder der Kapelle folgen einem klaren theologischen Programm, angefangen vom Evangelium sowie den Sakramenten im Osten über Ethik und Pädagogik bis zu Anfechtung und Erlösung im Westen. Im Westen saß die Gemeinde, die Erlösung nur vermittelt durch den Landesherren und das Wort Gottes – dargestellt durch die Kanzel – erlangen konnte.

Landesherrliches Kirchenregiment

In den protestantischen Staaten Deutschlands war der Landesherr seit Einführung der Reformation zumindest nominell bis 1918 auch Kirchenoberhaupt. Aus der fürstlichen Aushilfe, die Luther als Übergangslösung gewünscht hatte, war eine grundsätzliche und auf Dauer angelegte fürstliche Aufsichtsaufgabe über die Kirche geworden. Erst 1919 erfolgte durch die Weimarer Verfassung endgültig eine Trennung von Staat und Kirche in Deutschland. Durch den Ausfall der katholischen Bischöfe wurden die Landesherren im übergeordneten Sinne Patrone über alle Pfarrkirchen. Dieser Notepiskopat entwickelte sich zum landesherrlichen Kirchenregiment – zum Summepiskopat. Der Landesherr übernahm in geistlichen Dingen die Verantwortung für seine Untertanen. Seit der Übernahme des Kirchenregiments hatten die Fürsten damit nicht nur die Verantwortung für das irdische Wohl ihrer Untertanen, sondern waren auch unmittelbar für deren Seelenheil verantwortlich. Wahrer Glaube und Gottesdienst wurden auch als Grundlage für das irdische Wohlergehen angesehen. Wohlfahrt im Diesseits und im Jenseits waren nun aufeinander bezogen. Gottesehre und Fürstenehre fielen hinfort zusammen. Der Weg zum Heil führte jetzt über die väterliche Fürsorge des Fürsten. Die Einheit der kirchlichen Ordnung, des Bekenntnisses und des Glaubens im Fürstentum war aber auch Voraussetzung für die persönliche Seligkeit des Landesherrn.

Die Versuchung der christlichen Kirche (Marten de Vos) am Eingang zur Kapelle

Umfeld des Schlosses

DAS CELLER SCHLOSS ist seit Niederlegung der Befestigungen in einem Park gelegen. Die gärtnerische Gestaltung des Schlossumfeldes erfolgte jedoch erst ab 1830 und wurde nach 1850 vollendet. Die eigentlichen Schlossgärten lagen im Süden von Celle. Von diesen hat sich der Französische Garten bis heute erhalten, wenn auch stark verändert. Seinen Namen hat die seit dem 16. Jahrhundert nachweisbare Anlage erst seit 1678, als sie durch den französischen Gärtner Henry Perronet umgestaltet wurde. Heute präsentiert er sich als Landschaftsgarten. Lediglich eine gerade Lindenallee erinnert noch an die ursprünglich streng geometrische Gestaltung. An ihrem östlichen Ende steht ein Lusthaus von 1611. Es ist ein unscheinbarer Fachwerkbau mit Treppenturm. Hier erhebt sich auch ein 1785 für Caroline Mathilde errichtetes Denkmal.

Vor dem Schloss befand sich bis in das 19. Jahrhundert die so genannte Vorburg. Der Bereich gehörte zum Schlossareal und war mit Toren von der Stadt Celle abgetrennt. Hier standen Funktionsbauten wie Wasch-, Back- und Brauhaus, Staatsbauten wie Justizkanzlei und Gefängnis, aber auch Remisen, Stallungen und Reithallen. Von diesen Bauten sind einzig das ehemalige Haus des Kanzlers sowie in

Das Denkmal für Caroline Mathilde im Französischen Garten von Adam Friedrich Oeser. Im Hintergrund das Lusthaus

Teilen der Alte Marstall von 1664 erhalten.
Ihre Grablege hatten die Celler Herzöge in der Stadtkirche. 1564 ließ Herzog Wilhelm gegenüber dem Altar einen Herrschaftsstand errichten, der heute noch erhalten ist. Der Herzog begründete auch eine dynastische Grablege im Chor der Kirche. 1576 ließ er für seine Eltern ein Epitaph an der Nordwand errichten. Bis zum Aussterben der Celler Herzogslinie wurden hier alle Herrscher und ihre Gemahlinnen in einer Gruft unter dem Altar beigesetzt. Zugleich erinnern Epitaphien an die Verstorbenen. Der Altar im Chor wurde 1613 von Herzog Christian gestiftet. Bereits 1610 hatten die Celler Herzöge auch den Taufstein gestiftet. Die Orgel über dem Herrschaftsstand ist eine Stiftung Christian Ludwigs von 1653. Die Kanzel stammt aus dem Jahr 1682 und ersetzte eine ältere von 1610. Von 1676 bis 1698 ließ Herzog Georg Wilhelm die Kirche mit einem prächtigen Tonnengewölbe ausstatten. Die Stuckaturen stammen wie im Schloss von Tornielli. Auch der Chor wurde damals ausstuckiert.

Alter Marstall der ehemaligen Vorburg von 1664

Blick vom Schloss auf die Vorburg um 1750 mit dahinter gelegener Stadt. Ausschnitt aus einem Pastellbild von Völker jun.

Wichtigste Literatur

Albrecht, Uwe: Der Renaissancebau des Celler Schlosses. Zur Genese des Zwerchhauses und zum Bildprogramm der Fassaden des 16. Jahrhunderts (Celler Beiträge zur Landes- und Kulturgeschichte. Schriftenreihe des Stadtarchivs und des Bomann-Museums 32). Celle 2003.

Boeck, Urs: Der barocke Komödiensaal des Celler Schlosses. In: Niederdeutsche Beiträge zur Kunstgeschichte 11 (1972), S. 101–118.

Cassel, Clemens: Geschichte der Stadt Celle mit besonderer Berücksichtigung des Geistes- und Kulturlebens der Bewohner. 2 Bde. Celle 1930–34.

Laß, Heiko (Hg.): Hof und Medien im Spannungsfeld von dynastischer Tradition und politischer Innovation zwischen 1648 und 1714. Celle und die Residenzen im Heiligen römischen Reich deutscher Nation (Rudolstädter Forschungen zur Residenzkultur 4). München und Berlin 2008.

Masuch, Horst: Das Schloß in Celle. Eine Analyse der Bautätigkeit von 1378 bis 1499 (Quellen und Darstellungen zur Geschichte Niedersachsens 95). Hildesheim 1983.

Pretzell, Lothar: Das Kunstgutlager Schloß Celle 1945–1958. Celle 1959.

Ricklefs, Jürgen: Zur Baugeschichte des Celler Schlosses. Die Anfänge im Mittelalter. In: Niederdeutsche Beiträge zur Kunstgeschichte 15 (1976), S. 99–126.

Rüggeberg, Helmut: Das Celler Schloss und seine Geschichte. Celle 2006.

Schmieglitz-Otten, Juliane und Norbert Steinau (bearb.): Von Kopenhagen nach Celle. Das kurze Leben einer Königin. Caroline Mathilde 1751–1775. Begleitpublikation aus Anlaß einer Ausstellung des Bomann-Museums Celle zum 250. Geburtstag der dänischen Königin Caroline Mathilde. Celle 2001.

Schmieglitz-Otten, Juliane (bearb.): Kunstwelten – Politikwelten – Glaubenswelten. Die Celler Schlosskapelle. München 2012.

Siebern, Heinrich (bearb.): Die Kunstdenkmale der Stadt Celle (Kunstdenkmäler Niedersachsens, 36). Hannover 1937.

Streich, Brigitte (Hg.): Stadt – Land – Schloss. Celle als Residenz. Begleitband zur Ausstellung (Celler Beiträge zur Landes- und Kulturgeschichte. Schriftenreihe des Stadtarchivs und des Bomann-Museums 29). Bielefeld 2000.

Zweite, Armin: Marten de Vos als Maler. Ein Beitrag zur Geschichte der Antwerpener Malerei in der zweiten Hälfte des 16. Jahrhunderts. Berlin 1980.

2., überarbeitete Auflage 2024

Leibnizstraße 13, D-93055 Regensburg
Satz: Erhadi Druck GmbH
Printed in Germany
ISBN 978-3-7954-3940-8

Weitere Informationen zum Verlagsprogramm erhalten Sie unter: www.schnell-und-steiner.de

Vordere Umschlagseite: Das Celler Schloss von Osten
Rückwärtige Umschlagseite: Orgel in der Schlosskapelle

Burgen, Schlösser
und Wehrbauten
in Mitteleuropa Bd. 29

Herausgegeben von der

Wartburg-Gesellschaft

Bibliografische Informationen der Deutschen Bibliothek. Die Deutsche Bibliothek verzeichnet diese Publikation in der Deutschen Nationalbibliografie; detaillierte bibliografische Daten sind im Internet über https://dnb.de abrufbar.

Abbildungsnachweis

Fotostudio Loeper, Celle. © Bomann-Museum Celle / Residenzmuseum im Celler Schloss: Titel, Rücktitel, S. 0/1, 2/3, 6 rechts, 7, 10 unten, 13 unten rechts, 17 oben, 22 oben, 24, 30 unten, 32, 33, 35, 36, 40, 41, 42, 43, 44. – © Bomann-Museum Celle /Residenzmuseum im Celler Schloss: S. 17 unten, 29 oben, 30 oben, 34, 37 oben, 37 unten, 39 unten. – Johann Otten, Berlin. © Bomann-Museum Celle /Residenzmuseum im Celler Schloss: S. 4, 18, 28 unten, 28 oben, 29 unten, 38 links, 38 rechts, 39 oben. – © Bomann-Museum Celle: S. 5 links, 9, 10 oben, 19, 23, 24 oben links, 26 links. – Rolf Grade, Wathlingen. © Bomann-Museum Celle /Residenzmuseum im Celler Schloss: S. 6 links, 11, 45, 46. – © Gottfried Wilhelm Leibniz Bibliothek - Niedersächsische Landesbibliothek: S. 13 oben (Planmappe 19, XIX E Nr. 69), 25 unten (Planmappe 19, XIX E Nr. 68), 47 (Planmappe 19 XIX E Nr. 68). – © Elmar Altwasser, Marburg: S. 14, 15, 16, 20/21. – © Heiko Laß, Hannover: S. 12, 25 oben, 26 rechts. – Wikipedia: S. 5 rechts. – © Historisches Museum Hannover: S. 13 unten links. – © Stadtarchiv Celle: S. 22 unten. – © Ulrich Großmann, Nürnberg: S. 27, 31.

Reiseinformationen

Informationen zur Stadt Celle
Tourismus Stadt Celle GmbH · Tourist-Info
Markt 14–16 · 29221 Celle
Telefon: +49 5141 709511-95 · Fax:+49 5141 709511-20
E-Mail: tourismus@stadtwerke-celle.de
Internet-URL: https://www.celle.de/tourismus/

Informationen zum Schloss
Residenzmuseum im Celler Schloss
Schlossplatz 1 · 29221 Celle
Tel: +49 5141 1245-15
E-Mail: counter-schloss@celle.de
Internet-URL: http://www.residenzmuseum.de

Bisher erschienen

Bd. 1: Nürnberg, Kaiserpfalz
Bd. 2: Büdingen, Schloß
Bd. 3: Marburg, Schloß
Bd. 4: Eisenach, Wartburg (dt., engl., frz.)
Bd. 5: Schleswig, Schloß Gottorf
Bd. 6: Ronneburg in Hessen
Bd. 7: Die Drei Gleichen
Bd. 8: Burg Ranis
Bd. 9: Neues Schloß in Ingolstadt
Bd. 10: Festung Wülzburg
Bd. 11: Burg Fleckenstein im Elsaß (dt. und frz.)
Bd. 12: Moritzburg in Halle a. d. Saale
Bd. 13: Schloß Detmold
Bd. 14: Festung Jülich
Bd. 15: Schloß Horst (Gelsenkirchen)
Bd. 16: Burg Guttenberg
Bd. 17: Schloß Rheinfels
Bd. 18: Innsbruck, Goldenes Dachl
Bd. 19: Forchheim, Burg und Festung
Bd. 20: Runkelstein bei Bozen (dt. und ital.)
Bd. 21: Bozen, Schloß Maretsch (dt. und ital.)
Bd. 22: Trient, Castello del Buonconsiglio
Bd. 23: Felsenburgen der Sächsischen Schweiz
Bd. 24: Die Pfalz Wimpfen
Bd. 25: Füssen, Schloss
Bd. 26: Burg Hochosterwitz in Kärnten
Bd. 27: Burg Rheinstein
Bd. 28: Burg Friedberg
Bd. 29: Schloss Celle
Bd. 30: Schloss Heidelberg
Bd. 31: Zitadelle Petersberg in Erfurt